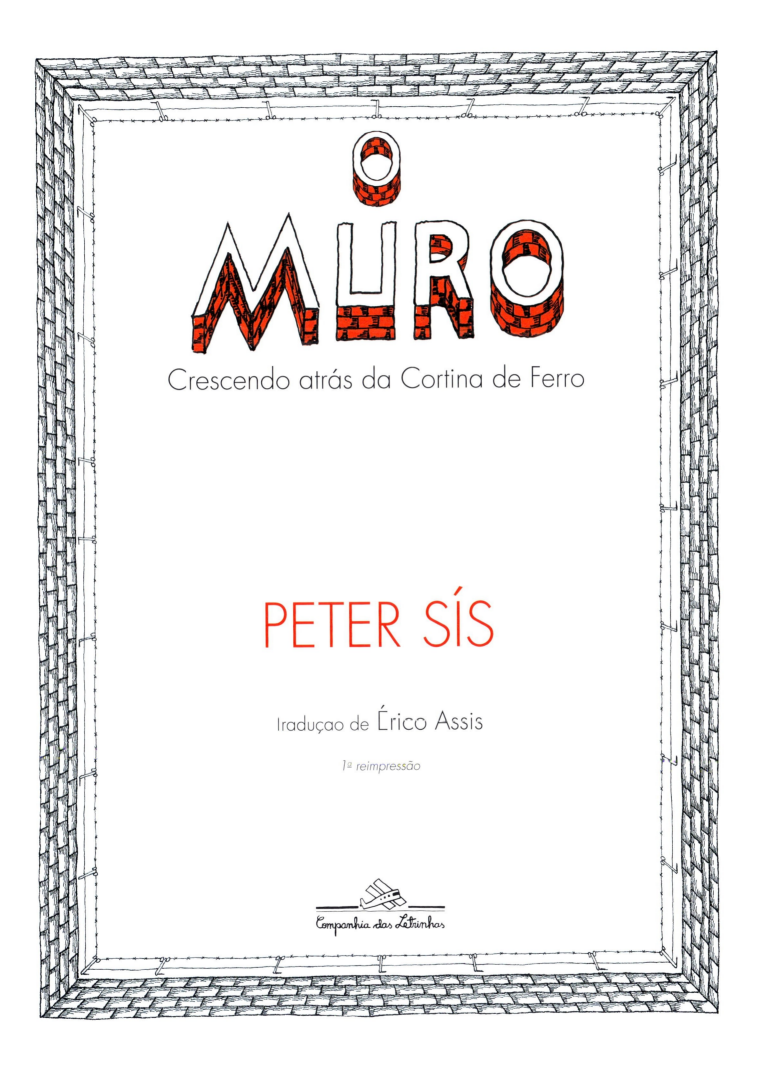

Copyright © 2007 by Peter Sís

Os quatro cartazes de propaganda que aparecem no primeiro jornal são provenientes de *Power of images, images of power* (Praga, 2005), por cortesia da Galerie U Křižovníků, Praga.

Grafia atualizada segundo o Acordo Ortográfico da Língua Portuguesa de 1990, que entrou em vigor no Brasil em 2009.

Título original
The wall: growing up behind the Iron Curtain

Revisão
Marina Nogueira
Luciana Baraldi

Composição
Lilian Mitsunaga

Tratamento de imagem
Américo Freiria

Dados Internacionais de Catalogação na Publicação (CIP)
(Câmara Brasileira do Livro, SP, Brasil)

Sís, Peter
O muro : crescendo atrás da Cortina de Ferro / Peter Sís ;
tradução de Érico Assis. — 1ª ed. — São Paulo : Companhia
das Letrinhas, 2012.

Título original: The wall: growing up behind the Iron
Curtain.
ISBN 978-85-7406-548-9

1. Literatura infantojuvenil I. Título.

12-09871 CDD-028.5

Índices para catálogo sistemático:
1. Literatura infantojuvenil 028.5
2. Literatura juvenil 028.5

2021

Todos os direitos desta edição reservados à
EDITORA SCHWARCZ S.A.
Rua Bandeira Paulista, 702, cj. 32
04532-002 — São Paulo — SP — Brasil
☎ (11) 3707-3500
🔗 www.companhiadasletrinhas.com.br
🔗 www.blogdaletrinhas.com.br
📘 /companhiadasletrinhas
📷 companhiadasletrinhas
▶ /CanalLetrinhaZ

INTRODUÇÃO

NÃO É PRECISO VOLTAR MUITO NO TEMPO PARA VER QUE O MAPA DO MUNDO está sempre mudando. Se considerarmos apenas o século XX, as mudanças foram cataclísmicas. Em 1917, o Império Russo foi tomado por uma revolução que levou o Partido Comunista ao poder e fundou a União Soviética.

Ao final da Primeira Guerra Mundial, em 1918, o Império Austro-Húngaro despedaçou-se e diversos países ganharam independência. Um deles foi a Tchecoslováquia. Porém, após duas décadas de democracia, a Tchecoslováquia foi invadida pela Alemanha nazista. Então, em 1939, irrompeu a Segunda Guerra Mundial. Os Aliados — Estados Unidos, Grã-Bretanha, França e União Soviética — derrotaram a Alemanha e o Japão em 1945 e libertaram os países que a Alemanha havia ocupado.

Após a guerra, a responsabilidade de governar esses países ficou dividida entre as forças aliadas. A maior parte da Europa oriental e o lado oriental da Alemanha ficaram sob controle russo. A região ficou conhecida como Bloco Oriental. O outro lado da Alemanha estava no Bloco Ocidental, liderado pelos Estados Unidos.

A União Soviética e as nações ocidentais gerenciavam seus territórios de formas muito distintas. Os países do Bloco Ocidental eram democracias independentes, enquanto o Bloco Oriental era controlado com firmeza pela União Soviética. Mas nem todo mundo do Bloco Oriental queria viver em ditaduras totalitárias, e muitos começaram a partir para o Ocidente. Para deter o êxodo em massa, a União Soviética reforçou as fronteiras da Europa oriental e acabou construindo um muro que cortou a cidade de Berlim em duas. Assim a Europa ficou dividida — simbolicamente, ideologicamente e fisicamente — pelo que o estadista britânico Winston Churchill chamou de Cortina de Ferro.

No início dos anos 1950, tanto a União Soviética quanto os Estados Unidos tinham armas nucleares, mas ambos sabiam que utilizá-las para empreender mais uma guerra seria algo devastador, e nos quarenta anos seguintes as duas superpotências permaneceram na tensão, no impasse, evitando a guerra total. Esse período ficou conhecido como Guerra Fria e durou até a queda do Muro de Berlim e o colapso do império soviético. Eu nasci quando tudo isso começou, do lado vermelho — comunista — da Cortina de Ferro.

— P. S.

GUERRA FRIA A disputa geopolítica, ideológica e econômica que se armou entre o capitalismo e o comunismo de 1945 a 1991.

CORTINA DE FERRO A fronteira que, após a Segunda Guerra Mundial, passou a dividir a Europa simbolicamente, ideologicamente e fisicamente em duas zonas distintas.

COMUNISMO Um sistema de governo no qual toda atividade social ou econômica é controlada. A ideologia da União Soviética e de outros países.

Desde que se lembra, ele ama desenhar.

*1948.
Os soviéticos
tomam
o poder na
Tchecoslováquia
e fecham as
fronteiras.*

*As Milícias
Populares
fazem valer a
nova ordem.*

No início ele desenhava formas.

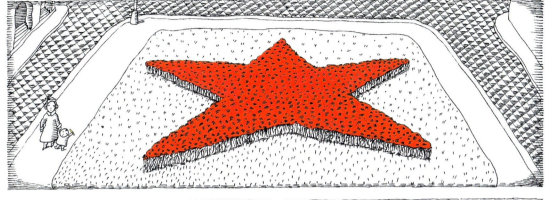

Símbolos e monumentos comunistas estão por todos os lados.

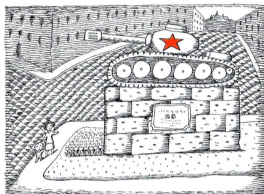

O governo tcheco recebe ordens de Moscou.

Ostentar bandeiras vermelhas em feriados oficiais: **OBRIGATÓRIO**. *Quem não cumpre é punido.*

Depois passou a desenhar pessoas.

Os comunistas assumem o controle das escolas.

Aulas de russo: **OBRIGATÓRIAS**.

Tornar-se membro dos Pioneiros, o movimento jovem comunista: **OBRIGATÓRIO**.

Doutrinação política: **OBRIGATÓRIA**.

Juntar ferro velho: **OBRIGATÓRIO**.

Desfile do Primeiro de Maio em homenagem aos operários do mundo: **OBRIGATÓRIO**.

Depois de desenhar o que quisesses em casa,

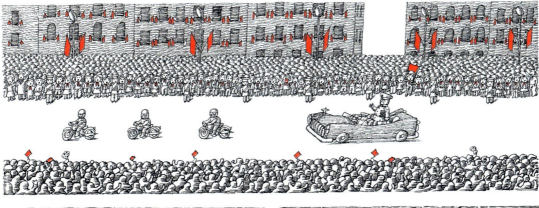

Demonstrações públicas de lealdade: **OBRIGATÓRIAS**.

Prática religiosa: **DESACONSELHÁVEL**.

As crianças são incentivadas a denunciar familiares e colegas. Os pais aprendem a guardar suas opiniões consigo.

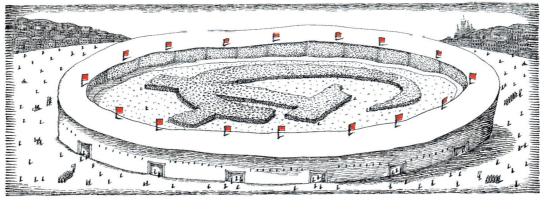

Participar da Spartakiada, um exercício coletivo de ginástica que celebra a subordinação individual ao ideal socialista: **OBRIGATÓRIO**.

ele teve que desenhar o que mandavam no colégio.

Hungria, 1956. Um levante popular é arrasado pela União Soviética.

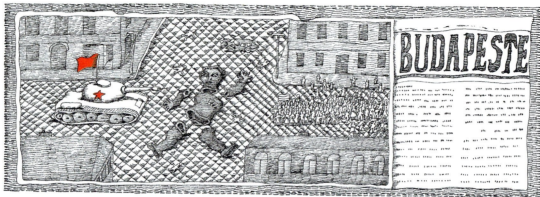

Alemanha, 1961. O Muro de Berlim é erigido pelos soviéticos para impedir que os berlinenses orientais desertem para o Ocidente. A cidade fica cortada ao meio.

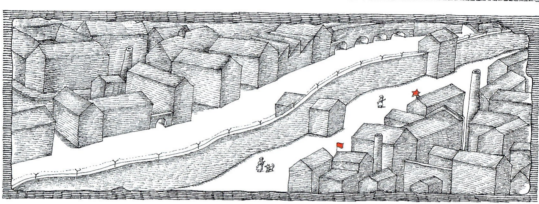

A Cortina de Ferro que separa Ocidente e Oriente é reforçada, e a Guerra Fria se intensifica.

Ele desenhava tanques.

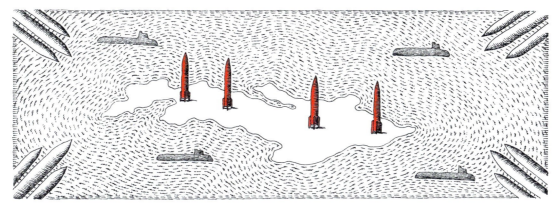

Outubro, 1962. Mísseis soviéticos em Cuba apontam para os Estados Unidos. Por muito pouco a guerra nuclear não eclode.

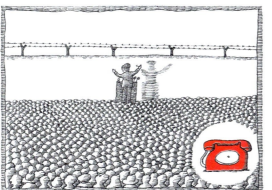

26 de junho de 1963. O presidente dos EUA John F. Kennedy visita o Muro de Berlim e declara: "Ich bin ein Berliner (Eu sou berlinense)".

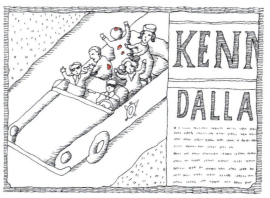

22 de novembro de 1963. O presidente Kennedy é assassinado em Dallas, no Texas.

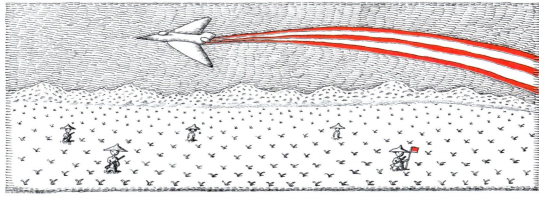

Os Estados Unidos e os comunistas brigam no Vietnã.

A guerra nuclear é uma ameaça constante.

Ele desenhava guerras.

Estudantes tchecoslovacos ajudam fazendeiros a se defender de uma praga de besouros nas plantações de batata. Culpa-se os EUA pelos besouros.

A polícia secreta observa por todos os lados.

Estudantes colhem lúpulo (usado na fabricação de cerveja).

Filmes russos que exaltam os ideais soviéticos são exibidos com regularidade a crianças em idade escolar.

A Grande Revolução Socialista de Outubro é comemorada anualmente em 7 de novembro com uma marcha noturna.

Tudo acima: **OBRIGATÓRIO**.

Ele não questionava o que lhe diziam,

Os telefones são grampeados.

Ostentar bandeiras do Ocidente: **PROIBIDO**.

Só é permitida a arte oficial, o realismo socialista.

Alguns filmes e livros são banidos. Várias formas de arte são censuradas.

A rádio ocidental é banida (interferências são feitas nas transmissões).

Cartas são abertas e censuradas.

Informantes recebem recompensas por bisbilhotar os outros.

Faltam quase todos os produtos essenciais. As pessoas fazem longas filas.

até que descobriu que havia coisas que não estavam lhe dizendo.

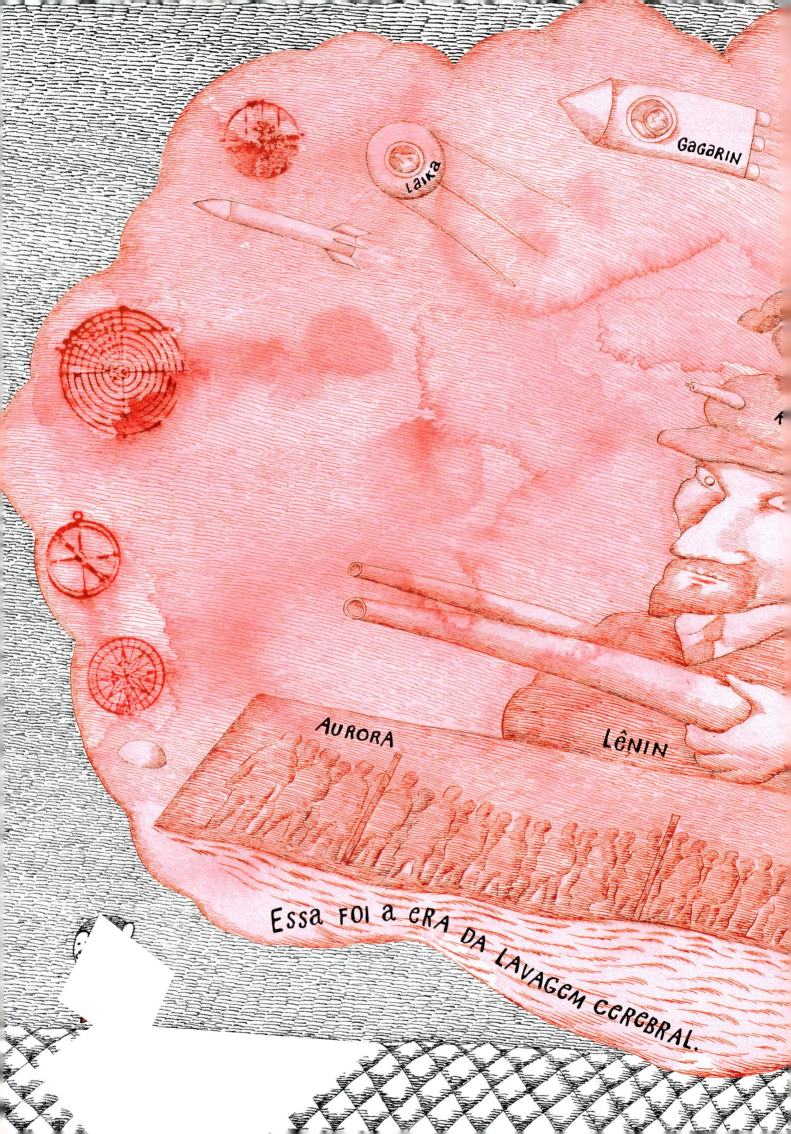

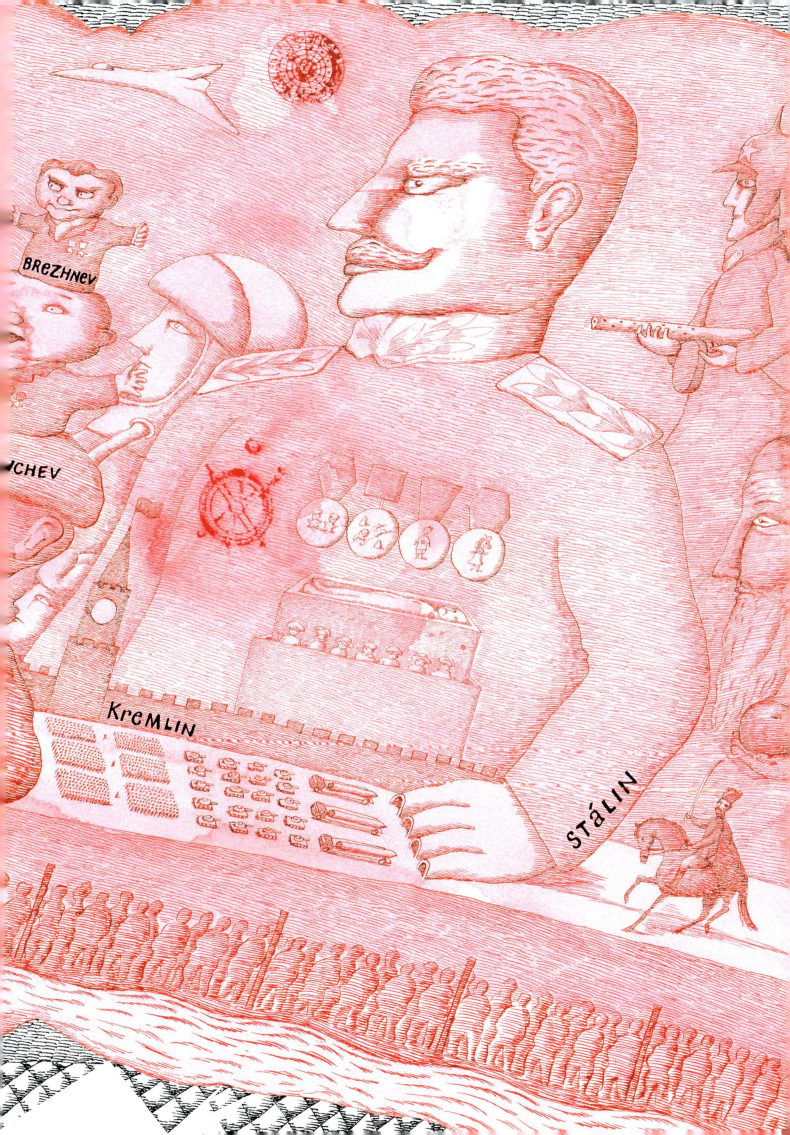

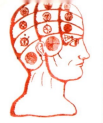

DO MEU DIÁRIO

1954
Meu pai foi convocado para a Unidade de Cinema do Exército. O enviaram à China para fazer um filme.

Estamos apoiando a paz mundial: não comemos carne às quintas-feiras.

Na União Soviética, somos incentivados a ter amigos por correspondência. Escolhi Volodja, de Leningrado. Recebemos notas por nossas cartas.

Abril de 1956
Lamin, primo do meu pai, está na cadeia por ser inimigo do Estado. Minha avó fala sobre isso em alemão com meus pais, achando que assim minha irmã e eu não conseguimos compreender. Mas nós entendemos um pouco. Ele estava numa equipe de vôlei nacional que ia participar de um torneio no Ocidente, e todos os jogadores tinham planos de ficar por lá. A polícia secreta descobriu. Lamin tem vinte anos e vai passar o resto da vida na prisão.

Fevereiro de 1957
Tiramos um feriado para esquiar nas montanhas, na fronteira ocidental. Soldados com cachorros passaram pelo trem procurando por "subversivos" que tentavam atravessar a fronteira. Os soldados conferiram nossos esquis e disseram que, se víssemos alguém com um comportamento estranho ou suspeito, deveríamos avisar. Quando descemos do trem, havia dois pares de esquis sobrando e duas pessoas a menos!

3 de novembro de 1957
A União Soviética lançou um foguete (com uma cadelinha chamada Laika dentro) para o espaço. Me pergunto como a cadela vai fazer para aterrissar.

1958
Ganhamos nossos lenços de Pioneiros no Museu Lênin de Praga — todos com exceção de Dežo Hlaváč, pois ele vem de uma família cigana com "filhos demais" e não foi considerado apto.

Março de 1959
O nosso livro didático conta a história de um russo que é inimigo da classe. Ele escondeu sua colheita de trigo no porão em vez de entregar à cooperativa da vila. Seu filho, um Pioneiro, descobriu e o denunciou, então a família matou o menino, que se chamava Pavka Morozov. Pavka virou um herói. O que nos dizem é que, se virmos nossos pais fazendo o que não devem, temos que dedurá-los.

Junho de 1960
Estamos ensaiando para a Spartakiada. Estou no grupo de dez a doze anos. Nossa parte no evento chama "Primavera Jubilosa". Usamos shorts verdes e camisetas amarelas. Cada faixa etária tem uma tarefa e uma cor de uniforme específicas. As mulheres ficaram espetaculares, e os soldados são os mais audazes.

1961
No colégio, assistimos a um filme norte-americano chamado *On the Bowery*. Ele mostra gente pobre que dorme nas ruas. Nos disseram que é assim que as pessoas vivem nos países capitalistas.

12 de abril de 1961
A União Soviética lançou o primeiro homem ao espaço, Yuri Gagarin. Ao retornar, ele pousou com segurança na Sibéria.

28 de abril de 1961
Demos as boas-vindas ao cosmonauta Yuri Gagarin em Praga. Queria que ele tivesse trazido sua cadelinha Laika.

17 de junho de 1962
A Seleção Nacional de Futebol da Tchecoslováquia jogou com o Brasil na final da Copa do Mundo, no Chile. Perdemos.

Novembro de 1962
Todo mês de maio fazemos vigília em frente à estátua gigante de Stálin. Mas a estátua foi demolida. Faremos vigília em monumentos menores...

Estamos construindo o socialismo. Esse é um plano para todo o país e terá a duração de cinco anos. Os EUA são um país capitalista, assim como a França, a Grã-Bretanha, a Itália e a Holanda. Mas o meu livro do colégio diz que os EUA são o mais capitalista e mais decadente de todos.

Os melhores Pioneiros de todos os países socialistas foram convidados para ir a um acampamento na União Soviética chamado Artek.

Fiquei em primeiro lugar na competição de desenho do Museu Histórico.

Setembro de 1963
O coronel Jan Pixa foi nomeado Herói da República Socialista Tcheca por seu engenhoso plano para capturar "perturbadores da fronteira", pessoas que tentam chegar ao Ocidente. Ele fez uma fronteira falsa para que os "bandidos" pensem que atravessaram para o outro lado. Quando veem a bandeira americana e são recebidos por agentes do serviço secreto disfarçados de soldados norte-americanos, eles acham que chegaram ao Ocidente. Os desertores contam ao serviço secreto tudo que sabem e dizem nomes de amigos. Então vem a surpresa; os fugitivos descobrem que não estão no Ocidente e que vão pegar prisão perpétua. O coronel Pixa é um herói.

Construí um patinete que se desmontou quando minha irmã Hanna estava descendo o morro com ele. Ela está com ódio de mim!

Meu colégio visitou um mausoléu para ver o corpo embalsamado do primeiro presidente comunista da classe operária da Tchecoslováquia, o camarada Klement Gottwald. Fiquei com medo.

Notícias do Ocidente começam a passar pela Cortina de Ferro.

Os Beatles! (Quem é quem?)

Elvis, os Rolling Stones, a Rádio Luxemburgo... Nós gravávamos músicas secretamente.

Cidadãos de quinze anos ou mais sempre devem portar identidade com foto: **OBRIGATÓRIO**.

Tudo que vem do Ocidente parece colorido e desejável.

Aos poucos ele começou a questionar. Pintava o que queria, sempre em segredo.

Por aqui não há discos, instrumentos ou roupas estilosas. Nós fazemos e inventamos tudo. Todo mundo quer ser os Beatles.

Fazemos nossos próprios sapatos, óculos, guitarras...

A polícia tem ordens para cortar os cabelos de qualquer cidadão que os mantiver compridos, eles simbolizam a decadência ocidental.

O rock vai contra os princípios da arte socialista.

Entrou para uma banda de rock, vivia e pintava música.

Janeiro de 1968. O novo líder do governo comunista, Alexander Dubček, chega com boas intenções.

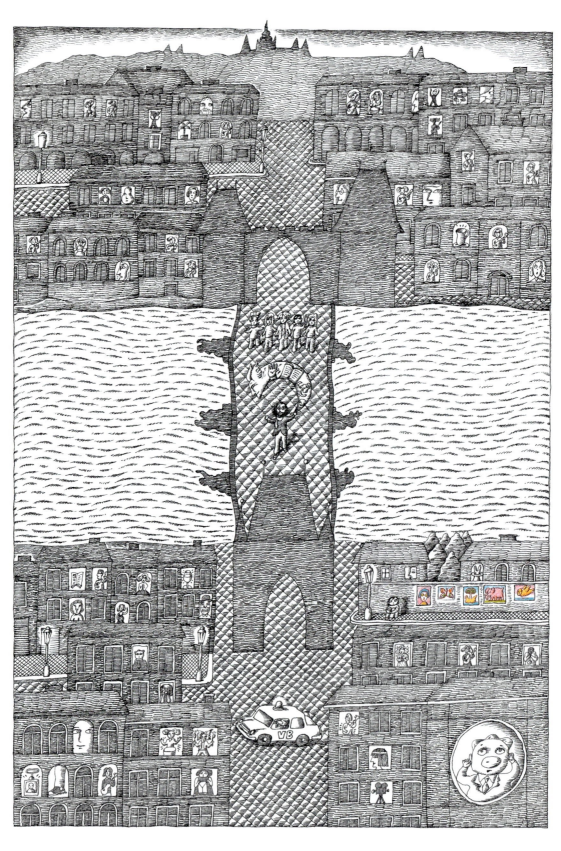

Aos poucos, nosso mundo começa a se abrir.

A censura é derrubada.

A velha guarda e a polícia ficam nervosas.

Tudo parecia possível...

Era a Primavera de Praga de 1968!

DO MEU DIÁRIO

Março de 1965
Numa caminhada à beira-rio, enquanto a neve caía, passei por um homem negro de rosto sorridente e ele me fez um aceno. Depois vi um cartaz e descubri que estive cara a cara com Louis Armstrong, o Satchmo. Ele está em Praga para um show!

Maio de 1965
Allen Ginsberg, o poeta beat americano, veio a Praga. Os estudantes o elegeram o nosso Kral Majales (Rei de Maio). Então a polícia secreta resolveu acusá-lo de subversão e ele foi deportado.

Agosto de 1965
Uma equipe de basquete universitário dos EUA jogou em Praga. Os melhores jogadores foram os dois gêmeos e Bill Bradley.

Novembro de 1965
O jornal do Partido comentou sobre uma mulher um pouco pirada chamada Elvis Presley. Mas ela é ele.

Março de 1966
Meu pai voltou da França muito animado com um single 45 rotações dos Beatles, *A Hard Day's Night*.

Maio de 1966
Um grupo de caras de cabelos compridos se encontrou em frente ao Museu Nacional. Os homens foram perseguidos pela polícia, depois foram capturados e os tiras cortaram os cabelos deles.

Verão de 1966
Estou tentando deixar meu cabelo crescer, o que não é bem visto nem na minha casa nem no colégio. Meus amigos e eu estamos descobrindo o rock 'n' roll — Rolling Stones, Fats Domino, Chuck Berry...
O acesso à música, aos discos e às fitas fica melhor. Os Harlem Globetrotters estão vindo a Praga.

Dezembro de 1966
Inicialmente, os jeans foram autorizados como uniforme da classe operária (mas só teve a sorte de usá-los quem tinha parentes no Ocidente ou dinheiro suficiente para comprar na loja especial TUZEX). Mas depois o governo mudou de ideia. Os jeans passaram a ser mais um símbolo da decadência ocidental.

Fevereiro de 1967
Formei uma banda de rock com meus amigos, mas não temos instrumentos e ainda não nos decidimos quanto ao nome.
Meu pai cortou meu cabelo. Eu estou pintando pessoas de cabelo comprido.

Maio de 1967
Começamos a fazer nossos instrumentos. Percebemos como é difícil fazer uma guitarra. Tentamos plugar ela no rádio mas acabamos queimando um fusível.

Junho de 1967
Tocamos músicas dos Rolling Stones, Them, Small Faces, The Troggs. Meu amigo Zdenek é fantástico na guitarra.

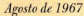

Agosto de 1967
Época de colher lúpulo, de novo — boa oportunidade para conhecer meninas. Depois de um dia de trabalho, nos reunimos para cantar músicas dos Beatles.

Setembro de 1967
Há rumores de que as restrições a viagens vão cair. Se eu receber um convite de uma família na Inglaterra ou na Europa ocidental, posso requisitar um passaporte. Escrevi para a *Record Mirror*, uma revista de Londres que tem uma coluna de amigos por correspondência. Enviei uma foto e uma lista das minhas bandas prediletas.

Outubro de 1967
Nossa banda, que batizamos de New Force, fez um show no Teatro Central de Marionetes. O palco é tão pequeno que não cabe nem o baterista. Conheci Alena.
Preciso de botas com salto. Elas são muito caras! (Peço dinheiro para a vovó?)

Novembro de 1967
Encontrei com Alena. Caminhamos pela praça Wenceslaus.
Desenhei quadrinhos para a revista do colégio, me baseei nos de San Francisco que eu vi.
Vou fazer cartazes para um bar de rock chamado Olympic. Massa!

Janeiro de 1968
Dubček é eleito Primeiro Secretário do Partido. Seu discurso é sobre liberdade!

Fevereiro de 1968
Estou recebendo centenas de correspondências dos amigos que fiz pela *Record Mirror*... Tenho que responder muitas cartas toda semana... Preciso conseguir um mapa da Europa... Sair pedindo carona? É o jeito.

Março de 1968
Um comício para Dubček! Todos nós participamos, reivindicando um "socialismo de rosto humano".

Maio de 1968
Caiu a censura! Podemos ter cabelo comprido e usar jeans! Mas nossa revista do colégio foi fechada. O diretor achou que a publicação era muito anarquista.

Junho de 1968
Aprendi a tingir camisetas e estou ficando muito bom nisso. Eu tinjo tudo que posso.
Os arquivos do governo vão ser abertos. Nunca tinham me dito que meu tio Vladimir morreu na prisão Leopoldov. Os guardas o mataram. Meus pais esconderam isso da gente enquanto éramos crianças.
Estamos fazendo uma competição de poesia na escadaria principal do colégio!
Chegou meu passaporte com permissão para viajar para o Ocidente. Viva! Vou para Paris de trem, depois vou atravessar o Canal e pedir carona até Londres e Liverpool... Será que vou conhecer os Beatles?
A União Soviética está planejando grandes manobras em toda a Tchecoslováquia para este verão.

Verão de 1968
Estou indo para a Inglaterra! Volto em agosto com discos, pôsteres e fotos...

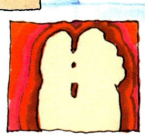

21 de agosto de 1968. Quinhentos mil soldados da União Soviética, da Bulgária, da Alemanha Oriental, da Hungria e da Polônia invadem a Tchecoslováquia.

Cidadãos comuns tentam convencer os soldados invasores a ir embora. Eles trocam as placas das ruas para confundi-los.

O governo progressista tcheco é enviado para Moscou para ser "reeducado".

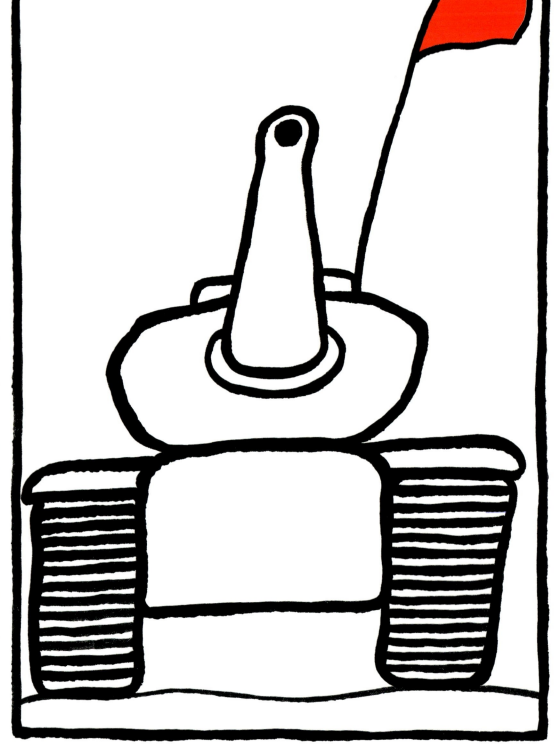

A ajuda do Ocidente não chega.

Então tudo acabou.

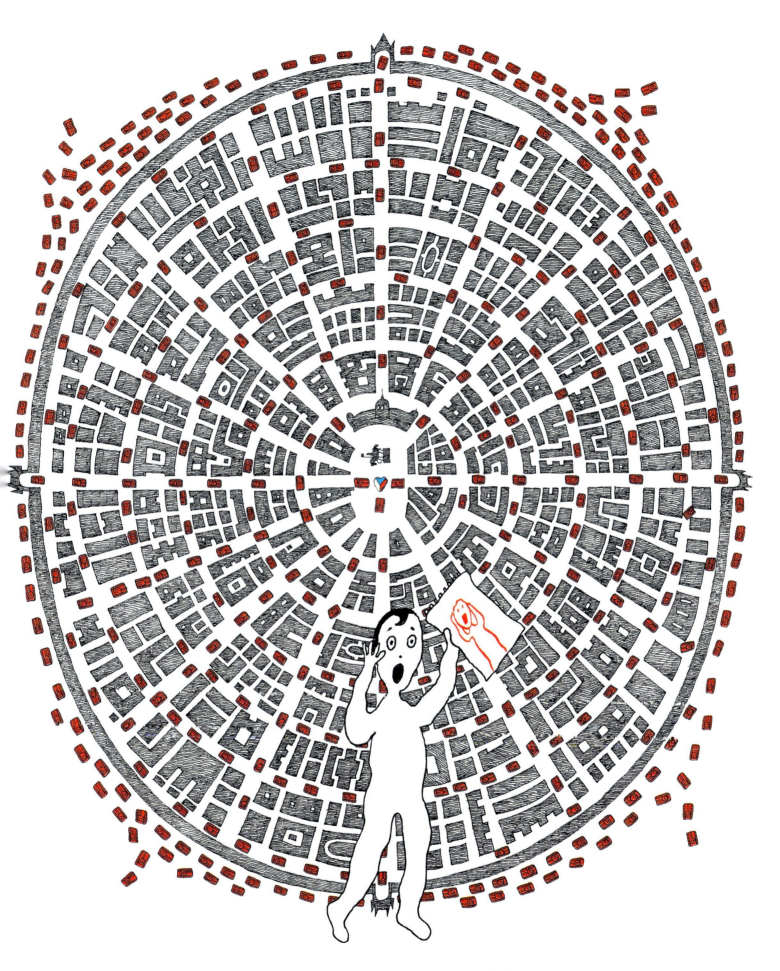

Os tanques russos estavam por todos os lados.

Dez meses após a invasão soviética, os Beach Boys são convidados a fazer shows de rock na Tchecoslováquia.

Os fãs do rock estarão todos juntos sob o mesmo teto.

Mas uma nesga de esperança surgiu das trevas.

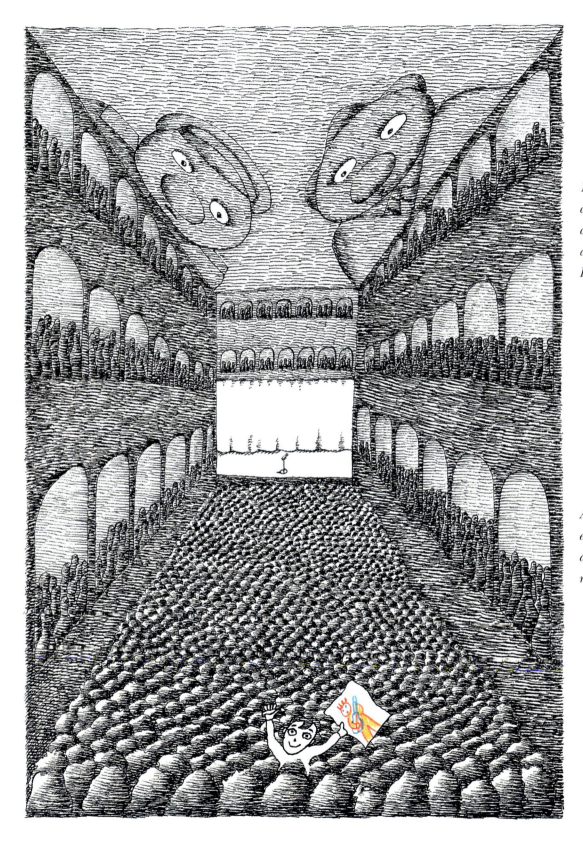

17 de junho de 1969. O show de Praga acontece no Lucerna Hall.

A polícia e seus cães aguardam na saída.

Os Beach Boys chegaram! A América veio nos salvar!

Ele pintava sonhos...

e pesadelos.

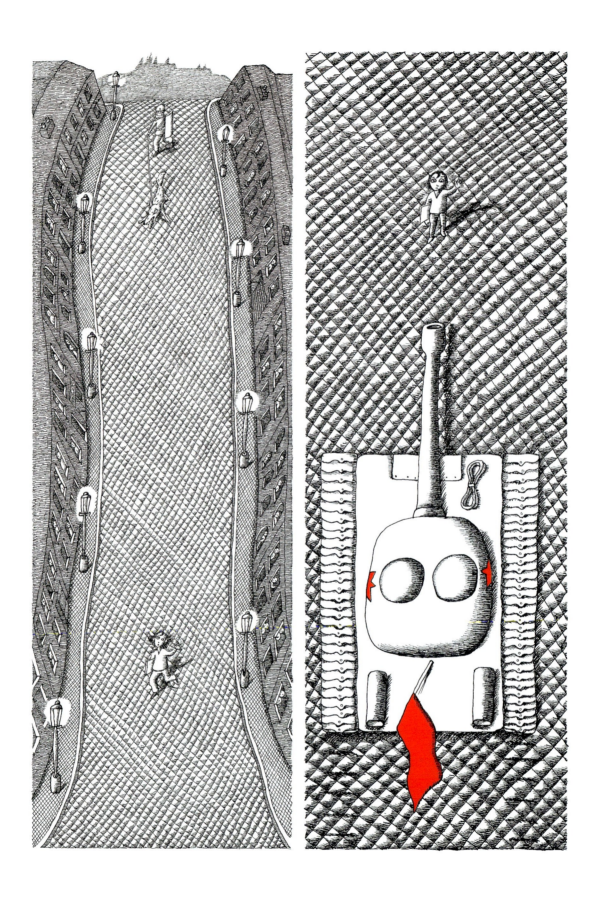

Os sonhos ele podia guardar consigo,

Qualquer um que seja considerado ameaça à nova ordem é interrogado.

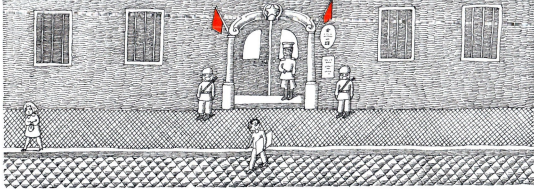

já os desenhos podiam ser usados contra ele.

A Cortina de Ferro volta a ter força.

Alexander Dubček é substituído no governo.

A polícia secreta provoca tumultos para que o governo possa reforçar o controle.

Serviço militar: **OBRIGATÓRIO.**

Ele parou de desenhar e ficou apenas com seus sonhos.

Os telefones são novamente grampeados, as cartas, abertas, e as pessoas, vigiadas.

A arte ocidental é banida. De novo, fazem interferências nas rádios livres.

Livros banidos são traduzidos, copiados e circulam em segredo — é a prática da samizdat.

As discotecas são a nova fonte de informação sobre a cultura popular.

Mas ele tinha que desenhar. Compartilhar seus sonhos era o que lhe dava esperança.

Todo mundo queria desenhar. As pessoas pintaram um muro com todos os seus sonhos...

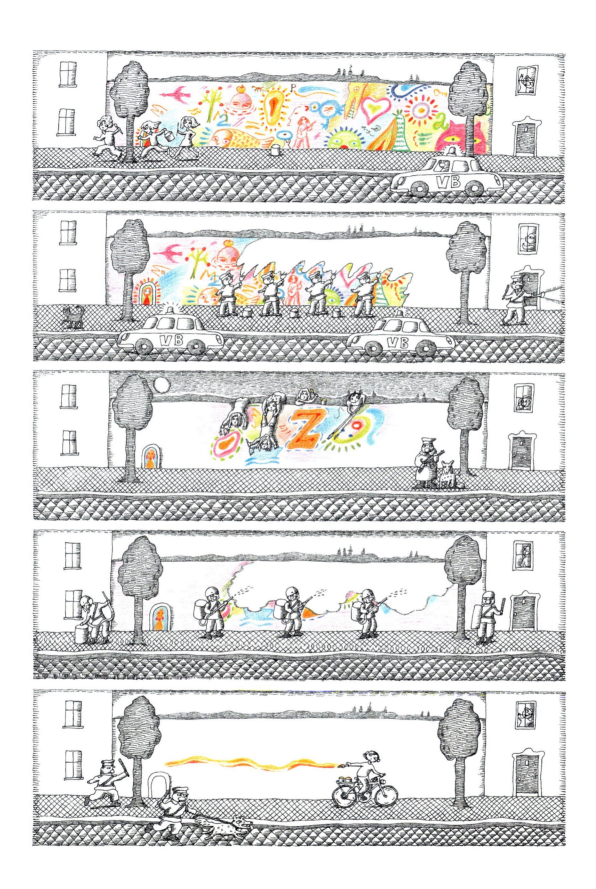

E depois repintaram mais e mais vezes...

DO MEU DIÁRIO

Janeiro/ fevereiro 1969
Os estudantes Jan Palach e Jan Zajíc atearam fogo a si mesmos para "acordar a nação de sua letargia".

1970
Větvička, um baixista e também uma figura muito engraçada, morreu de traumatismo craniano depois de um ataque da polícia durante o show dos Beach Boys.

1971
Adolf Hoffmeister, meu professor da Academia de Artes Aplicadas (e autor de *Brundibár*), foi privado de sua cadeira docente. Qualquer um que seja considerado progressista é substituído.

1972
Fecharam a fronteira de novo. É impossível viajar. Adeus, querida Londres!

8 de junho de 1972
Um grupo de jovens cabeludos — que eu conheço muito bem — sequestrou um avião para ir à Alemanha Ocidental. Atiraram no piloto com uma arma que estava escondida numa fralda de bebê.

Fevereiro de 1973
Todos na academia tiveram que criar uma obra de arte que celebrasse o Exército soviético. Que bom que fiquei no departamento de animação — tive a ideia de pintar só os fundos e explicar que os tanques viriam depois.

1974
A formatura... Nos dizem que nossa geração não é de confiança e não tem futuro porque fomos "corrompidos" pelo que aconteceu em 1968.
Para conseguir o alvará para um estúdio na minha casa, eu teria que provar que sou um artista de boa "reputação social", ou seja, filiado ao Partido Comunista. O curioso é que acabaram de me oferecer o cargo de professor assistente na academia. Me disseram que eu sou o mais jovem que já convidaram. Fiquei animado, mas logo depois vieram as condições: tenho que me filiar ao Partido. Eles me prometeram que ninguém precisa saber! *Thanks, but no thanks.* Meus desenhos são pequenos. Não preciso de estúdio.

1975
Meu primeiro serviço profissional: a capa do álbum *Letiště* (*Aeroporto*), de Karel Černoch. Pintei um pequeno aeroporto com uma biruta vermelha e branca sendo levada pelo vento. "Você conferiu qual é a direção que a biruta está apontando?", perguntou o diretor de arte, e eu dei risada, achando que ele estava de brincadeira. "É muito importante", ele falou, "uma questão ideológica." Se o vento está indo do oeste para o leste, pode-se entender que ele vem da Alemanha Ocidental para a União Soviética, o que seria um desvio ideológico, uma infiltração. Então ele ligou para os Ministérios da Cultura e do Interior. "Que sorte a sua!", disse o diretor de arte, "seu vento sopra na direção correta."

1975-76
Servindo no Exército.
Bandas de rock não podem mais fazer show sem alvará.
Todos os artistas devem provar suas qualificações sociais e políticas.

1976
Os integrantes da banda de rock The Plastic People of the Universe foram presos. Eu costumava ter algumas discussões com eles, não gostava muito das músicas... Mas por que mandá-los para a prisão?

Janeiro de 1977
Dissidentes formaram uma organização chamada Carta 77. Alguns deles acabaram na prisão. Foram ameaçados e torturados, perderam a cidadania e foram levados até a fronteira ocidental, depois saíram do país.

28 de janeiro de 1977
Artistas, escritores, diretores de cinema, atores e músicos proeminentes foram convidados a ir ao Teatro Nacional para uma "comemoração". Quando todos entraram no teatro, as portas foram trancadas e eles foram instruídos a assinar um documento de apoio ao "auxílio fraternal da União Soviética" em 1968 (ou seja, apoiar a invasão). A maioria assinou.
Má notícia/boa notícia: meu pai estava na hospital e não pôde participar.
Tenho quase certeza de que ele não teria assinado...
O que eu teria feito?

Maio de 1977
Enfim, fiz meu primeiro filme profissional: um conto de fadas animado, *A ilha para os 6 mil despertadores*, de Miloš Macourek. A trama: 6 mil despertadores que se sentem cansados e pouco reconhecidos abandonam o emprego. Eles saem para caminhar e encontram uma pequena ilha onde podem despertar o quanto quiserem. Passei um ano pintando, recortando, animando. O filme, de dez minutos, ficou ótimo, todo mundo me deu os parabéns. Até que a censura resolveu que o filme passa uma mensagem errada, pois sugere que você pode desistir de algo de que não gosta. Por acaso eu estava sugerindo que as pessoas emigrassem? Todo mundo fica procurando mensagens subliminares.
Existe toda uma ciência estabelecida quanto a como lidar com a censura. Sempre temos que contar com o fato de que eles vão mudar alguma coisa. Por exemplo, se estiver fazendo um filme ou uma pintura, escrevendo um livro ou uma música, colocamos uma igreja bem grande. A censura com certeza vai dizer para tirar, e assim eles deixam de notar coisinhas menores — porém mais importantes. O pessoal do teatro tem a teoria do "cachorrinho branco". Se você deixar um cachorrinho branco desfilando na frente do palco, os censores não vão notar o que acontece no fundo.

Junho de 1977
Rumores, rumores, rumores. Todo mundo suspeita que todo mundo é informante.
Podemos ter esperança de que as coisas vão melhorar?

... cada vez mais.

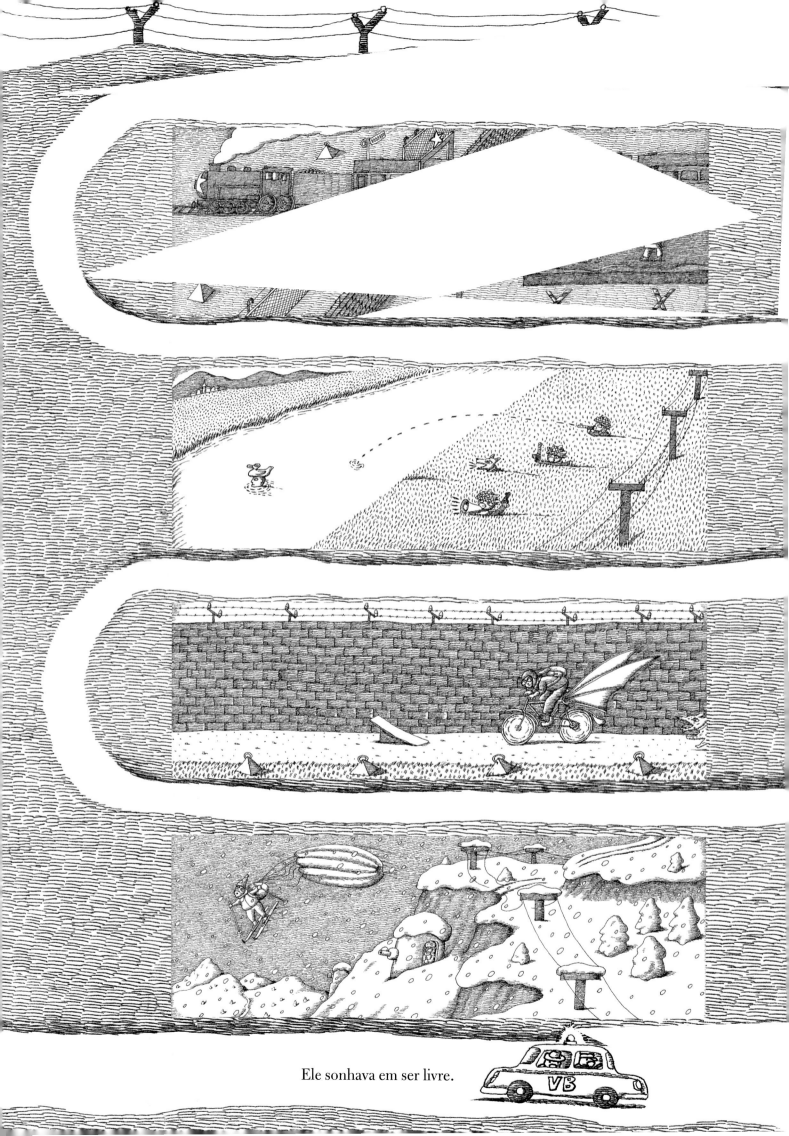

Ele sonhava em ser livre.

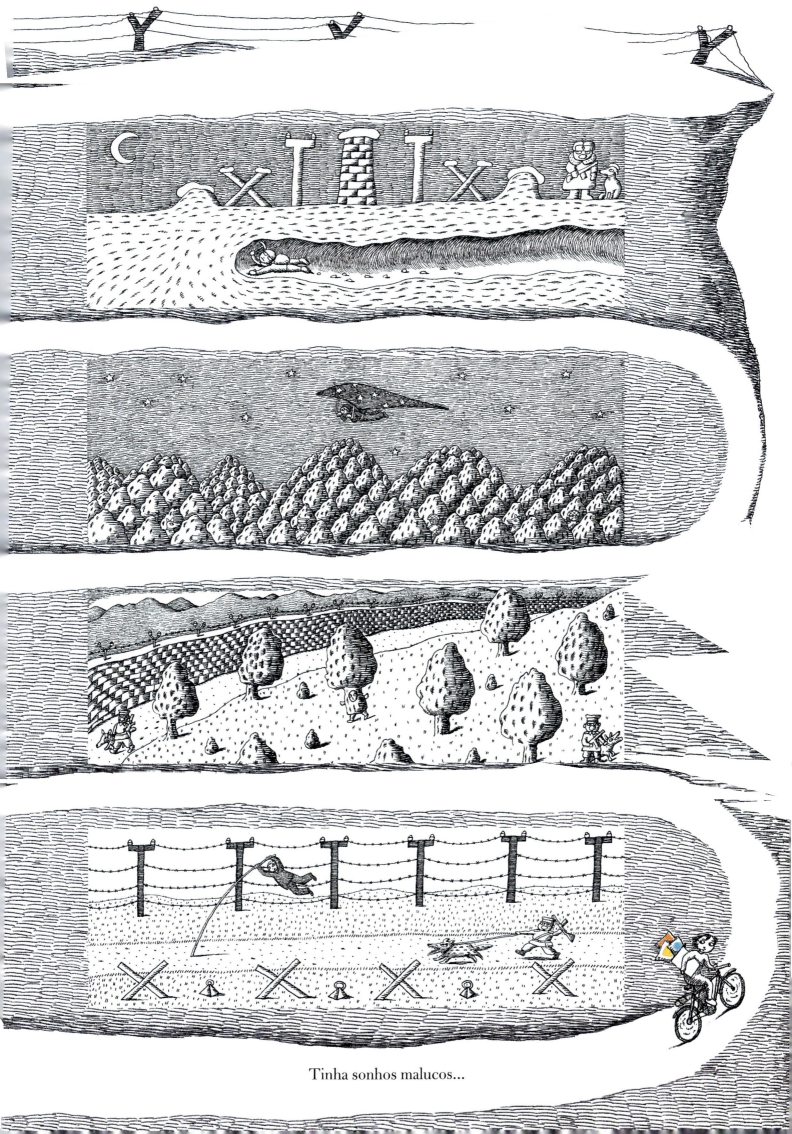

Tinha sonhos malucos...

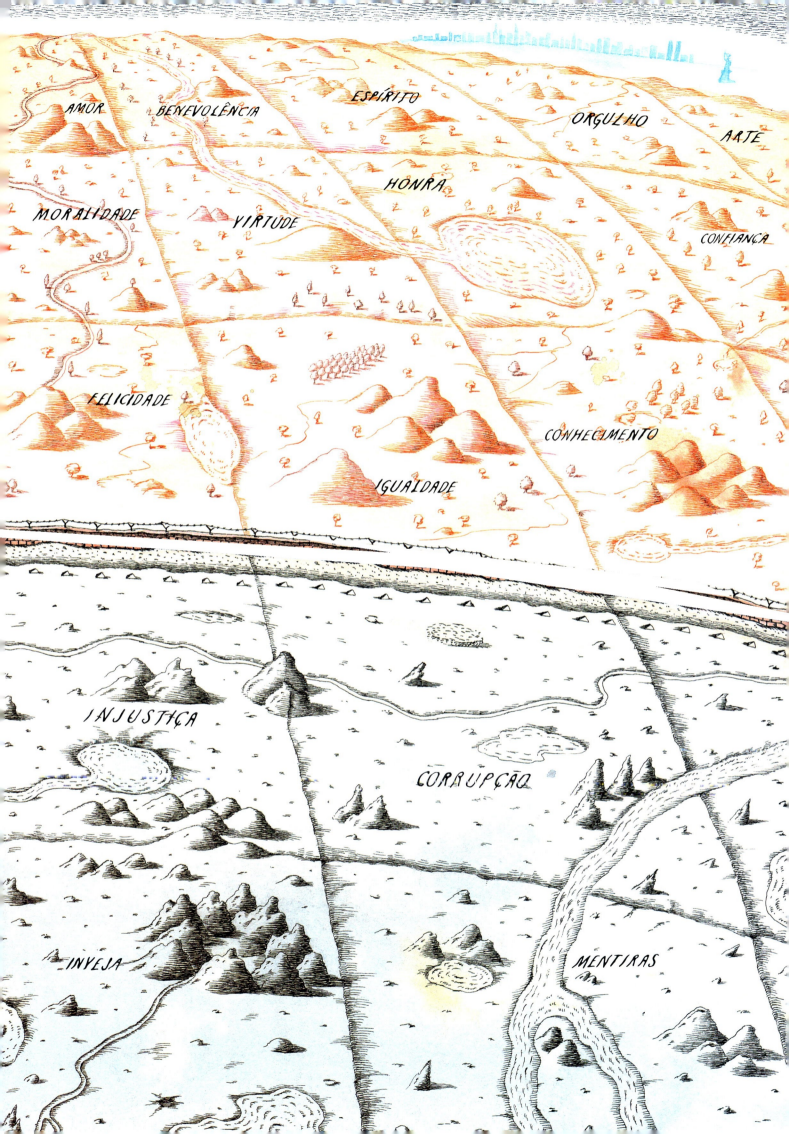

Essas ideias espalham-se pelo Leste Europeu e levam à queda do Muro e ao colapso do sistema comunista.

Em meados dos anos 1980, Mikhail Gorbatchov reconhece a necessidade de abrir o rígido sistema soviético e apresenta as medidas de *perestroika* (reestruturação) e *glasnost* (abertura).

ÀS VEZES OS SONHOS SE TORNAM REALIDADE.

POSFÁCIO

"VOCÊ É IMIGRANTE, PAPAI?", PERGUNTARAM MEUS FILHOS QUANDO ESTAVAM estudando os colonizadores dos EUA. "Por que você decidiu morar aqui nos Estados Unidos?"

"Foi tudo por causa do desenho", eu respondi.

Não sei se nasci para desenhar, mas não tínhamos televisão nem computador quando eu era criança, e por isso eu desenhava. Ilustrava histórias sobre meu avô na Primeira Guerra Mundial e sobre meu pai no Tibete. Desenhava caubóis e índios e copiava as tiras daquele livro gigante que meu avô trouxera de Chicago, onde ele projetou estradas de ferro nos anos 1920. Na casa dos meus pais eu tinha liberdade para desenhar o que quisesse.

Tudo mudou quando eu entrei no colégio e me tornei parte do sistema comunista soviético. Aí comecei a desenhar o que me diziam para desenhar e a pensar só o que me diziam para pensar. Até que a música do mundo livre — o rock 'n' roll e os Beatles — fez uma fenda no muro. Então vieram mais músicas, uma fenda maior, a Primavera de Praga... E tudo pareceu possível. Ganhei permissão para viajar, percorri toda a Europa de carona e achava que o mundo era meu.

Estava em Londres quando os tanques russos entraram em Praga. Minha família estava tirando férias na Europa, e nós decidimos voltar para casa, na vã esperança de que as coisas não estivessem tão ruins — e não estavam, pelo menos no início. Virei disc jockey, passei a ter um programa no rádio e entrevistei bandas como os Beatles, Led Zeppelin e The Who. Viajei com os Beach Boys pela Tchecoslováquia. Mas aí a coisa piorou. Meu programa de rádio foi cancelado e o rock foi banido. Me joguei no desenho e na pintura. Pintei cadeiras, interruptores, pintei até a geladeira de casa. Do lado de fora eu só sentia medo.

Também fiz animações, e elas abriram o mundo para mim mais uma vez — mas não totalmente. Eu tinha permissão para deixar o país, porém sempre me diziam quando eu teria que voltar. Estava trabalhando em Los Angeles quando os soviéticos decidiram boicotar as Olimpíadas de 1984. Fui convocado a voltar para Praga, mas dessa vez eu resisti. Não foi fácil; eu tinha medo de nunca mais ver minha família, achava que os soviéticos ficariam no poder para sempre.

Agora, quando minha família americana vai visitar minha família tcheca na maravilhosa metrópole de Praga, é difícil convencê-los de que ela já foi um lugar escuro, cheio de medo, desconfiança e mentira. Acho complicado explicar minha infância; é difícil colocar tudo em palavras, e, como eu sempre desenhei, tentei desenhar minha vida — antes da América — para eles. Qualquer semelhança com a história deste livro é intencional.

— P. S.

Enquanto puder recordar, ele continuará a desenhar.

A marca FSC® é a garantia de que a madeira utilizada na fabricação do papel deste livro provém de florestas que foram gerenciadas de maneira ambientalmente correta, socialmente justa e economicamente viável, além de outras fontes de origem controlada.

Esta obra foi composta em Bulmer e impressa pela Geográfica em ofsete sobre papel Couché Matte da Suzano S.A. para a Editora Schwarcz em julho de 2021.